ORAISON FUNEBRE

DE

LOUIS XVI.

ORAISON FUNÈBRE

DE

LOUIS XVI,

Prononcée dans l'Eglise Paroissiale de S.te Foi de la ville de Conches et dans l'Eglise de Séez-Mesnil ;

Par M. BAUDARD, *Curé de ladite Paroisse de Conches.*

A ÉVREUX;

De l'Imprimerie d'Ancelle fils, Imprimeur de la Préfecture, etc., etc.;

1814.

A

LOUIS XVI.

Illustre Martyr,

Vivant, je n'eus osé élever les yeux vers toi : l'éclat de ton Trône m'eût ébloui : j'eusse été accablé du poids de ta gloire ; ton cœur était ouvert à tous les sujets , qui tous étaient tes enfans , mais la crainte et la timidité les empêchaient souvent de s'y jetter. Je t'aimais , et ta qualité auguste de Roi comprimait mon amour : il brillait dans le secret de la conscience. Toutefois ce caractère de majesté venait de Dieu , dont tu étais l'image , il était comme le sceau de la dignité royale ; aussi , dès que des mains sacriléges l'eurent brisé , tu devins l'homme de douleur , en qui le vrai Français ne cessa de voir son Roi ; jamais la grandeur royale ne s'éteignit sur ton front : j'eus tremblé devant toi dans les fers comme sur le Trône. Maintenant au nombre des Bienheureux , ah ! qui peut en douter ? les distinctions humaines, si utilement établies, certaines d'institution divine , ne laissent plus entre toi et tes sujets un intervalle parfois difficile à franchir ; l'Auréole qui, sur ta tête , remplace la couronne , jette une douce lumière qui invite d'aller à toi, et à t'offrir des hommages qui ne sont plus troublés par la crainte ; tu nages dans les splendeurs de la Divinité ; comme à elle, tout homme est reçu à t'adresser librement des vœux. O mon Roi, assis aux pieds de St.-LOUIS , j'ose donc te présenter le faible, le très-faible éloge que j'ai consa-

cré à ta mémoire : c'est l'obole de la veuve que justifie l'intention qui, seule peut te la rendre agréable ; c'est un tribut que je paie à tes vertus ; hélas ! dette sacrée, qui n'est acquittée qu'après ta mort ; toi qui, vivant, eus tant de droits à l'amour et à la reconnaissance de ton peuple ; c'est un mouvement public et spontané d'un cœur qui ne cessa d'être attaché à ton auguste personne, et surtout lorsque les traits du malheur te perçaient de toutes parts. Tout orateur n'est pas fait pour louer un grand homme ; mais toute âme sensible peut te louer : eh ! que faut-il pour te louer ? des larmes, larmes d'attendrissement, parce que tu fus bon et vertueux dans la prospérité ; larmes amères, parce que tu fus le plus infortuné des Monarques ; tu fus témoin des larmes que je versai, au récit de ton éloge ; tu vis tous les yeux s'humecter, tu entendis les gémissemens qui se prolongeaient dans l'auditoire ; sensibilité générale qui dût te plaire, parce qu'elle annonçait le repentir dans les uns, et que dans les autres l'amour avait pu être comprimé, et non pas éteint.

Mais peut-être que ces sortes de larmes, prolongées trop long-tems, outrageraient ta mémoire ; peut-être la Religion les désavouerait : ce ne sont pas des larmes qu'elle verse sur le tombeau de ses martyrs, mais des fleurs : elle se pare de ses plus beaux ornemens au jour de leur fête : c'est l'encens de l'hymne qu'elle brûle devant eux. N'anticipons pas le tems de ces honneurs solemnels, tu les rejetterais ; tu veux que l'Eglise que tu aimas, et dont tu te montras si fidèlement le fils aîné, parle, mais elle ne condamne pas le secret de ma pensée.

Oui, le glaive, instrument de ton martyre, deviendra le signe qui te distinguera dans la longue suite de tes aïeux couronnés : il manquait encore ce genre de gloire à ton auguste Race : tu seras LOUIS-LE-MARTYR. Qu'il est vénérable, ce surnom, quand l'innocence, la justice, la religion, le gravent sur les colonnes de l'immortalité ! Bien plus grand que ces héros qui s'élèvent sur les trophées de la victoire, assemblage de toutes les horreurs de la guerre, ton piédestal est l'échafaud teint de ton sang, pour épargner le sang de ton peuple.

O âme bienheureuse ! tu souris à nos prières qui, devant Dieu, se changent pour toi en cantiques de louanges, et qui, pour beaucoup d'entre nous, deviennent expiatoires. Si nous pleurons, une teinte de joie adoucit les traits de la douleur : si nous prions, c'est bien moins pour toi que pour te rappeler de prier pour nous, pour nous, qui déjà ressentons les effets de ton intercession ; vingt-cinq ans de malheurs t'ont vengé de la plus atroce ingratitude : tu les arrêtes, en ramenant au milieu de nous ton auguste frère ; veilles sur cette tête précieuse qui, en héritant de ton trône, a hérité de tes vertus : veilles sur ton autre frère, dont les qualités aimables montrent à notre œil étonné ce que c'est qu'un Français, car depuis long-tems les traits en étaient effacés ; tout s'était durci ; plus de ce caractère national qui nous faisait aimer, adorer de tous les peuples : veilles sur ces enfans, notre espérance ; puisses-tu obtenir de Dieu, inépuisable dans ses miséricordes, qu'il sorte des rejettons du Lys (1) que toi-même planta, et cultiva, hélas ! au sein du malheur ; tu l'arrosas de larmes, et il doit t'en être plus cher : enfin, veilles sur cette nation, ton patrimoine de huit cents ans, tu le sais, le crime qui hâta ton bonheur éternel, ne fut pas d'elle ; si elle frappa, elle frappa le bandeau sur les yeux ; il est tombé, et elle pleure ; et puis, si tu nous pardonnas sur la terre, dans tes dernières volontés, combien plus dans le Ciel où l'on ne vit que d'amour.

---

(1) Madame d'Angoulême.

ORAISON FUNÈBRE

DE

LOUIS XVI.

Omnis anima quæ afflicta non fuerit die hac, peribit de populis suis.

Toute âme qui ne sera pas affligée en ce jour, sera retranchée du peuple saint. S. PIERRE.

Tel est, M. F., le texte de ma passion, s'il peut s'appliquer à des Chrétiens insensibles aux souffrances du Sauveur, ne peut-il pas aussi s'appliquer à des Français qui se montreraient insensibles aux souffrances de LOUIS XVI. Ce n'est pas que je prétende établir une comparaison entre la passion d'un Dieu et la passion d'un homme. Si d'un côté est l'infini, je dirai, et je ne crains pas d'être démenti, que LOUIS a souffert tout ce que la nature humaine peut supporter de souffrances ; car la souffrance se mesure sur la qualité, sur la grandeur du sujet et sur les circonstances qui l'accompagnent. Un Roi qui du sein de l'abondance passe à la privation de tout ; un Roi qui du sein des plaisirs passe sous le crêpe de la tristesse ; un Roi qui de la Cour la plus brillante , le modèle des Cours de l'Europe , passe dans l'horreur des prisons ; un Roi qui de la liberté la plus indéfinie , quoique limitée par les lois qu'il peut éluder impunément , passe dans la captivité la plus rigoureuse ; un Roi qui , rassasié d'hommages et presque d'adorations , ivre de la fumée de l'encens de la flatterie , passe dans l'état d'humiliation la plus abjecte et la plus dégoûtante ; un Roi qui du Trône passe sur l'échafaud , je vous avoue que de telles souffrances , sans avoir un point de contact avec celles de J. C. , finissent où celles de ce divin Sauveur commencent , c'est-à-dire qu'après J. C. jamais homme ne souffrit ce que LOUIS XVI a souffert ; entre lui et les Martyrs de la Foi , il n'y a de différence que la cause ; je pourrais même dire qu'il eut plus qu'eux les peines de l'âme , qui , presque toujours , surpassent les souffrances du corps. Je suis donc en droit de m'écrier : ah ! toute âme qui ne sera point affligée en ce jour , sera retranchée du peuple Français. Sans doute je ne m'éleverai pas à la dignité du sujet ; la voix touchante de *Massillon* aurait pu seule peindre les malheurs de LOUIS ; et la voix tonnante de *Bossuet* foudroyer les mains impies qui osèrent toucher cet Oint du Seigneur ; mais mon zèle pour les Bourbons , et le désir de

coopérer à l'hommage funèbre que vous , respec-
tables habitans de cette Paroisse , rendez à la mémoire d'un Roi , à qui vous ne cessâtes d'être
attachés au fort de la tempête révolutionnaire ,
doivent me mériter quelque indulgence. Heureux
si je fais connaître un Prince si op peu connu , si je
le fais aimer , si je mets sa mémoire en vénération !
heureux si je réussis à faire verser des larmes sur
son martyre , à faire crier , au sortir de cette
Oraison Funèbre : ah ! toute âme qui ne sera point
affligée en ce jour , sera retranchée du peuple
Français. C'est donc pour produire en vous ces
sentimens d'estime , de respect , d'admiration , d'a-
mour , que je vais vous présenter TRÈS-HAUT, TRÈS-
PUISSANT , TRÈS - EXCELLENT ET TRÈS - MALHEUREUX
PRINCE LOUIS XVI DU NOM , ROI DE FRANCE ET
DE NAVARRE , sur le Trône et dans la tour du Temple , sur le Thabor et sur le Calvaire.

O mon Roi ! daigne, du haut des Cieux, recevoir
ce faible hommage que je rends à tes vertus et à tes
malheurs ! s'il n'est pas digne de toi par l'éloquence,
il l'est par les expressions du cœur. Il s'agit bien moins
de te louer que de te pleurer, et les pleurs ne sont-ils
pas toujours éloquens.

Ames sensibles qui m'écoutez, en faveur du cœur
vous pardonnerez à l'esprit.

PREMIÈRE PARTIE.

Il n'est que trop ordinaire de nous faire de la grandeur des Rois une fausse idée ; nous remarquons plus en eux ce qui peut les faire admirer, que ce qui peut les faire aimer : l'éclat de leur puissance nous éblouit au point de nous empêcher de voir leurs vertus morales ; l'idée de Roi nous semble devoir se détacher de l'idée de père. Toute notre admiration est pour la puissance du sceptre, sans penser que la sagesse de la houlette doit ouvrir nos cœurs à un sentiment bien plus doux, au sentiment de l'amour. On a dit faussement : la crainte a fait les Rois ; et moi, je dis que la nécessité d'un protecteur, d'un défenseur contre les méchans les a faits. On a senti qu'il fallait un chef à la grande famille, comme il faut un chef aux familles particulières : or, ce chef, revêtu du titre imposant de Roi, n'a plus laissé voir qu'un homme dont l'éclat des actions devait exclusivement commander l'admiration. Ainsi combien admirent la sagesse de S. Louis, et daignent à peine remarquer sa profonde sagesse dans ce code connu sous le nom d'*Etablissemens de S. Louis :* combien admirent la valeur de Louis XII, et ferment les yeux sur la bonté de son cœur, sur la sagesse de son économie : combien admirent la valeur de Henri IV, et ne s'attendrissent pas sur son amour pour son peuple : combien admirent cet éclat enchanteur qui environnait le Trône de Louis XIV, et ne se rappèlent pas que de ce Trône sont émanées nos lois les plus sages, qui sont le plus beau, le plus solide monument de son règne ; Daguesseau les conçut, il est vrai, mais le Prince qui sut les apprécier, leur apposer son sceau, n'en mérite pas moins le titre de grand Législateur. Que j'aurais aimé voir ces lois roulées aux pieds de sa statue, élevée sur des trophées conquises sur l'Europe conjurée contre sa gloire, les victoires sur le crime, ou les droits de la société protégée valent bien une moisson de lauriers cueillis au champ d'honneur. Ah ! c'est que souvent nous n'admirons dans les Princes que les qualités d'où jaillissent les rayons de la grandeur, ces qualités qui, selon comme elles sont employées, peuvent être funestes ou avantageuses au peuple qu'ils gouvernent, et presque toujours funestes aux peuples qui les avoisinent, et qui sont toujours des moyens de nuire, lorsqu'elles n'ont pour principe que les passions. Il est sans doute glorieux de remporter des victoires, d'exercer un empire absolu sur les esprits, de produire ces grands événemens qui changent la destinée des nations ou les effacent du corps politique, comme ces secousses souterraines qui changent la surface du globe, secousses terribles que viennent d'éprouver les Etats de l'Europe que la Paix enfin, après une tourmente affreuse de 25 ans, va raffermir sur leurs bases antiques. Mais si l'ambition seule livre des batailles, si la politique n'est que l'agitation des passions, le résultat d'un calcul machiavélique ; si les actions brillantes ne produisent que des ruines et des larmes, ne sont-elles pas les instrumens des calamités publiques, ces calamités que nous pleurons, et dont nos enfans ressentiront encore le contre-coup long-tems après nous. Un Roi qui n'est grand que par ces moyens destructeurs, est moins un grand homme, qu'un grand fléau : ce sera un Héros, si vous voulez, mais dans la classe des génies malfaisans ; ce sera un astre qui brûlera plus qu'il n'éclairera ; un beau feu qui s'alimentera d'objets les plus précieux. Tels furent les Alexandre, les Charles XII, et bien au-dessus d'eux par la profonde scélératesse, cet odieux usurpateur qui plongea la France dans un deuil général de dix ans : si c'est là de la gloire, elle ne peut jaillir que des feux de l'enfer ; c'est la foudre qui s'échappe des mains d'un Dieu vengeur, hélas ! qu'un siècle de crimes avait allumée. Oh ! premiers jours du dix-huitième siècle, c'est de vous que date cette décadence morale qui prépara les malheurs qui déchirèrent mon infortunée Patrie ! Aurore philosophique, tu précédais ce soleil dont les feux brûlans devaient tout consumer sur son passage.

Mais un Roi qui n'use des grands moyens que lui donne sa puissance, que pour faire régner l'ordre, que pour vivifier le commerce, que pour faire fleurir les arts, que pour établir et consolider la félicité publique sur les lois, sur les mœurs, sur la Religion ; qui n'ambitionne d'autre gloire que celle qui naît de l'accomplissement de ses immenses devoirs ; voilà le Prince qui atteint à la véritable grandeur ; voilà l'image de la Divinité, le bras dont elle se sert pour rendre sa bonté sensible sur la terre ; un bon Roi est donc le plus beau présent que Dieu puisse faire à un peuple ; un bon Roi est donc l'homme de Dieu, l'homme par qui tout respire le bonheur.

Tel fut Louis XVI ; il rassembla en lui les vertus caractéristiques de chacun de ses aïeux. A la mort de Louis XV, ce prince, né avec des inclinations douces et bienfaisantes, ce sens droit, ce sentiment de la justice, cet amour de la paix, cette bonté prévenante, cette défiance de passer à côté du bien , cet attachement aux principes religieux qui en eussent fait le meilleur des Princes , s'il n'eut terni ces vertus par des faiblesses qu'à ses derniers momens , pleins de piété , la Religion sans doute couvrit de son voile. A cette mort, dis-je, la Nation creusait son précipice à l'éclat du luxe, au bruit des plaisirs , à l'oubli de tout principe de morale ; elle se jettait en riant dans l'abîme. Le commerce languissait, les armées étaient découragées, les finances épuisées, la Magistrature sans autorité , le Clergé avili , les mœurs perdues, les grands sans considération , le peuple s'essayant à sortir des limites de la soumission ; en un mot, les rênes du Gouvernement flottaient, le gouvernail du vaisseau était brisé, il n'attendait que la première tempête pour se submerger et disparaître ; encore quelques années, et la France s'écroulait sous une antiquité de quatorze siècles , non pas cependant qu'elle eut péri de vieillesse , mais par le relâchement dans les ressorts moraux, religieux et politiques ; ces principes de vie une fois détruits , il faut que le corps meure.

Dans ce tems difficile, Louis XVI monta sur le Trône. Dieu qui forme le cœur des Rois, nous donna en lui un Roi selon nos désirs. Un abord facile, une probité austère, un grand amour pour le bien an-

nonçaient qu'il n'allait être Roi que pour avoir la
puissance d'en déployer plus à son gré les immenses
devoirs. Petit fils de l'élève de Fénélon, le duc de
Bourgogne, fils du Dauphin, il montait sur le Trône
avec leurs vertus, qu'une mort prématurée avait à
peine offert à l'admiration et à l'amour. O mon Dieu !
eussions-nous pu penser qu'au fond de ce calice em-
miellé était le fiel le plus amer. Le premier acte de
bienfaisance de Louis, comme Souverain, fut la re-
mise du joyeux avénement, droit onéreux que la
Nation acquittait au renouvellement de chaque règne,
d'autant plus nécessaire alors que le trésor de la couronne était épuisé ; mais Louis n'avait les yeux ouverts
que sur les besoins de son peuple. Il porta sur le
Trône cette sensibilité qui, encore Dauphin, le conduisit, enveloppé de l'ombre du secret, dans les
hideux réduits où la misère se montre dans toute son
horreur. Que de larmes il essuya ! Que de gémissemens il arrêta ! Que de mères dont il gonfla le sein
desséché ! Que de malheureux il arracha à la mort !
On croyait voir un disciple de Vincent de Paule.
Douce sensibilité qui ne connaît point de bornes lorsqu'elle se confond avec le sentiment de la charité
chrétienne ; et puis, c'est que Louis ne connaissait de
véritable grandeur que celle que pouvait avouer un
cœur juste, bon et honnête. L'éclat ne fut jamais pour
lui que l'accessoire de la vertu ; la vertu était tout pour
lui : sans rien perdre de la dignité de Roi, il eut
toujours soin de conserver la dignité de l'homme :
comme le soleil, il n'était élevé que pour mieux ré-

pandre ses bienfaits ; le poids de son sceptre ne se
manifestait que par le poids de ses bienfaits : la qualité de Roi était tempérée en lui par la qualité de
pasteur ; car un bon Roi n'est autre chose qu'un bon
pasteur ; le sceptre n'est pour lui qu'une houlette
pour conduire le troupeau dans de gras pâturages.

Il est un âge, et surtout dans certains rangs, où
les passions se satisfont d'autant plus aisément et avec
d'autant moins de réserve, que l'occasion est plus
favorable, les moyens plus faciles ; que loin d'aller
chercher la coupe de la volupté, elle vient, pour
ainsi dire, se placer sur les lèvres ; que loin de solliciter le vice, c'est le vice qui vient solliciter, et qui
pis est, le vice environné de flatteurs. Sans doute un
homme sage à la Cour, n'a pas plus de mérite qu'un
homme sage sous la chaumière ; mais de quelle plus
grande force doit-il être armé pour vaincre la volupté
qui l'attaque par tous les sens. Louis conserva toujours
des mœurs pures au milieu de la contagion la plus
attrayante et la plus subtile : jamais la censure la plus
clairvoyante et la plus maligne ne trouva à passer sa
lime, même la plus douce, sur la pureté de son cœur,
et il fut aussi fidèle à son auguste épouse qu'il l'avait
été à la vertu depuis son enfance jusqu'à l'union con-
jugale. Oui, je ne crains pas d'exagérer, en disant que
c'est un miracle de la grâce ; et qu'un Roi qui, dans
l'âge bouillant des passions s'en rend digne, est lui-
même un miracle de la nature perfectionnée ; il
paraissait moins avoir étudié la vertu, que la posséder
par inclination ; elle était en lui un besoin, il ne

B

pensait, il ne voyait, il n'agissait que par elle ; tout ce qui lui en offrait l'image avait des droits sur son cœur ; et ses Ministres, autant qu'il lui fut possible, furent des hommes vertueux, comme le maréchal du Mui, le comte de Vergennes et le président De Malesherbes : il en eut de vicieux, mais il s'en servait comme de ces plantes venimeuses qui, employées avec art, opèrent le bien.

Vous sentez, comme moi, quelle influence heureuse devait avoir sur son règne cette pureté de mœurs ! car il est rare, très-rare que l'homme libertin s'acquitte avantageusement de ses devoirs ; il sacrifie tout à son infâme passion : il peut faire quelque bien, j'en conviens, mais quel bien que celui dont la source est viciée ? ou il sera forcé, ou il sera incomplet, ou il sera plutôt l'effet du penchant ou de la circonstance, que l'effet du sentiment : quelque purifiée que soit l'eau de la mer, elle conserve toujours une saveur saumâtre. Non, quoiqu'on en dise, la passion du bien ne sera jamais dominante dans une âme esclave de ses passions : la passion du bien ne peut être passion que dans une âme pure.

Aussi que la sensibilité qui anime un cœur Chrétien et vertueux est expansive et bienfaisante ! Louis prononce l'abolition des contraintes solidaires et de la question préparatoire ; il supprime les corvées ; il brise les fers des serfs du Jura. Ces traits d'humanité eussent seuls suffi pour immortaliser son nom, pour le graver, non sur l'airain qui périt, mais sur les cœurs, et que la tradition transmettra d'âge en âge jusqu'au dernier jour des siècles ; car est-il rien de plus juste que de supprimer une loi qui frappait des contribuables innocens, parce qu'un seul, dont ils étaient solidaires, ne pouvait ou ne voulait pas satisfaire au rôle de la taille? Est-il rien de plus humain que de sauver des innocens à qui les tourmens arrachaient des aveux mensongers ? Est-il rien de plus généreux que de renvoyer à leurs travaux des bras qui, sans salaire, s'épuisaient, se desséchaient de fatigue à ouvrir ou réparer les routes ? Les corvées étaient pour les campagnes un impôt des plus onéreux : est-il rien de plus beau que d'arracher à l'esclavage de malheureux villageois qu'un droit né dans des siècles de barbarie, enchaînait à la glèbe? Rendre des hommes à la liberté et à la vie ; essuyer des sueurs stériles et décharger des contribuables d'une solidarité des plus onéreuses, n'est-ce donc pas des actions mille fois plus glorieuses que d'enchaîner des prisonniers et de couvrir de morts un champ de bataille dans une guerre injuste ? Sans doute, lui Bourbon, le feu du courage circulait dans ses veines. Ne craignez pas, Sire, lui disait Péthion, dans un moment de sédition. A l'instant Louis prenant la main d'un grenadier, lui dit : *Pose ta main sur mon cœur, et sens s'il est agité des palpitations de la crainte.* Ces paroles prononcées avec l'accent de la fermeté, étaient bien dignes d'un petit-fils d'Henri IV. Son courage ne demandait qu'à être déployé, pour le placer à côté de ses aïeux les plus guerriers. Mais la guerre répugnait à son humanité, à son amour pour son peuple, parce qu'il savait qu'il n'est point de lauriers qui ne soient arrosés de larmes et teints de sang ; il voulait la gloire de la France, mais il ne voulait pas l'acheter au prix du malheur. Des ressources immenses, prises de la force et du courage de ses armées ; prises de ses finances desséchées et non épuisées ; prises de la confiance de son peuple non encore égaré, lui ouvraient un chemin facile vers la gloire ; mais cette gloire, il ne voulait la devoir qu'aux vertus qui font le bon Roi ; pourquoi ne dirais-je pas le grand Roi, puisque la véritable grandeur dans un Roi est de ressembler ici-bas à la grandeur de Dieu, qui se manifeste par la bonté, par la clémence, par la bienfaisance. Oui, Louis savait qu'il tenait de ce Dieu le droit de tirer le glaive, mais il savait aussi que ce n'était que pour repousser une aggression injuste. Dans un règne de dix-huit ans, ce glaive ne brilla dans ses mains qu'une fois, et ce ne fût que pour soutenir et venger l'honneur de sa marine attaquée, que pour défendre ses colonies menacées, que pour protéger la liberté du commerce opprimée. Dans cette guerre Louis releva la réputation des armées françaises, humiliées dans la guerre de 50. Les Guichen, les Suffren, les Lamothe-Piquet, les Destaing couvrirent la mer de leurs exploits, et peut-être auraient-ils triomphé de l'orgueil du pavillon anglais, s'ils eussent été secondés. Il aida puissamment les Etats de l'Amérique à se séparer de leur métropole qui voulait les plier sous un joug de fer : non que l'intention de Louis fût de les soustraire à l'oppression ; il n'entra

jamais dans sa politique de fomenter une révolte ;
mais cette indépendance d'un peuple, conquise à
l'aide de ses secours, ne fût que la suite d'une pro-
vocation injuste de l'Angleterre envers sa couronne.
Jamais ce bon Prince n'eut entrepris une guerre con-
traire aux droits légitimes, lui qui ne croyait pas que
la conquête même d'un Royaume pût être mise en
balance avec la vie d'un homme : autant d'hommes
péris sur le champ d'honneur par une victoire injuste
lui eussent paru autant d'assassinats. Il eut donc pu
être conquérant comme tant de ses prédécesseurs,
mais il ambitionnait une conquête bien plus chère à
son âme bonne et sensible, la conquête du cœur de
ses sujets.

C'est ce sentiment qui porta ses regards sur l'administration de la justice. Il craint que son peuple ne
souffre dans ses droits. De nouveaux tribunaux, com-
posés de parties hétérogènes, s'étaient élevés préci-
pitamment, à la fin du règne de son bisaïeul, sur les
débris des Parlemens. Il s'apperçoit que la balance
n'est pas tenue par des mains bien assurées et bien
pures ; car si c'est un grand malheur d'avoir un procès
même juste, c'est un bien plus grand malheur de
perdre un procès fondé sur le bon droit. Louis, pour
éviter à son peuple le dépouillement injuste des
fortunes, rappèle ces Magistrats voués par état à venger
l'innocence opprimée, vieillis dans la connaissance et
l'application des lois, et qui avaient véritablement la
conscience de la justice. C'était relever une citadelle
qui, abattue, n'offrait plus de sauve-garde au ci-

toyen attaqué. Il faut qu'un Roi, pour être juste, soit tout entier dans un juge intègre. Ici, écoutez, M. F., le jugement que porta de Louis, un savant (1) dans un ouvrage justement estimé, il sort de la plume d'un anglais : comment aurait-il voulu flatter un Prince étranger, lui qui à son Roi présente la vérité toute nue. « Je compte, dit-il, au nombre des obstacles que » nous aurons à redouter, les vertus du Monarque » qui est aujourd'hui sur le Trône. C'est un Prince » judicieux, humain, juste, qui n'est attaché à aucun » objet qui puisse le détacher seulement d'une heure » des affaires d'Etat. Ses vues sont invariablement » tournées vers le bonheur de son peuple ; il s'efforce » de le procurer par les moyens les plus efficaces, » quelqu'opposés qu'ils puissent être aux préjugés et » aux maximes de la nation française. Il n'est guidé » dans le choix de ses Ministres, que par leur capacité, » leurs connaissances et leur probité, et n'a nul égard » à leur rang, ni à leur famille....... Que n'a pas » à craindre l'Angleterre de l'ambition d'un peuple » rival, gouverné par un tel Roi ? » Voilà comme parlera la postérité.

Mais ce qui sembla couronner les vues bienfaisantes de Louis pour son peuple, ce fut la tenue de l'Assemblée des Notables, le 22 février 1786. Il s'environne des hommes les plus instruits et les plus probes, pris dans les trois Ordres de l'Etat, pour recueillir de

____

(1) M. Makintosh, Voyages en Europe, en Asie et en Afrique, 2. vol. in-8.°

(23)

leurs lumières les moyens de réformer les abus, d'établir une bonne administration intérieure, de donner aux finances une circulation vivifiante, de ranimer le commerce et d'asseoir la félicité publique sur des bases solides. Hélas ! que ne s'en fut il tenu à cette Assemblée : déjà l'orage grondait dans le lointain ; les vapeurs qui devaient former la foudre commençaient à s'élever. Mais les intentions de Louis ne furent point remplies selon les vœux de son cœur ; il veut un plus grand éclat de lumières ; il convoque les Etats Généraux, qui se constituent en Assemblée Constituante. O le meilleur des Rois ! faut-il que d'un excès d'amour sortit un excès de malheur ? Tu veux fermer l'abîme sous les pas de tes sujets, et tes sujets vont l'ouvrir sous tes pas ! Tu prépares le baume et ton peuple te broie du poison ! Je le sais, on t'accusa d'imprévoyance ; on te blâma, et ce n'était peut-être pas sans raison, de n'avoir point étouffé, dès sa naissance, le monstre qui commençait à souffler le feu de la discorde, à se glisser sourdement sous les fondemens de ton Trône qu'il essayait d'ébranler ; mais tu ne voyais que d'après la bonté de ton cœur ! Toi, Père-Roi, pouvais-tu soupçonner l'ingratitude de tes enfans ; et quelle ingratitude, grand Dieu ! Non, jamais l'histoire n'en offrira de plus monstrueuse, parce que jamais Roi ne mérita plus l'amour de son peuple. J'en appèle à vous, illustres guerriers, qui honorez cette pompe funèbre de votre présence, qui venez pleurer sur le tombeau de votre bon ancien Maître: Gardes-du-Corps, vous couvriez sa personne sacrée de l'égide de votre fidélité et de votre courage, dont vous portez le témoignage sur votre cœur, dans cette croix, le plus beau, le plus glorieux prix du mérite et de la valeur ; qui, plus que vous (1), pourrait mieux confirmer la vérité de mes éloges. Que la sainteté de ce lieu ne vous permet elle de mêler votre voix à la mienne ? Hélas ! votre douleur nous dit assez qu'en servant militairement Louis, vous serviez le meilleur des Rois.

Mais voyons-le dans l'intérieur de sa famille : c'est dans la vie privée que l'homme paraît tel qu'il est ; c'est là que son âme s'ouvre sans réserve aux affections de la nature. Ce n'est pas dans les actions d'apparat, dans les grands mouvemens de la vie qu'il faut étudier l'homme : là il représente sans être souvent lui-même ; il n'a que la grandeur du moment et de la circonstance ; l'étiquette est un masque, et le masque tombe dès qu'il rentre dans la vie privée. C'est dans l'intérieur que l'on peut saisir les traits naturels de l'homme, et Louis ne parut jamais plus grand qu'au sein de sa famille. Là, dépouillé de la grandeur Souveraine, il se livrait avec abandon aux sentimens d'époux, de père et de frère : fidèle au serment conjugal, Marie-Antoinette eut sans partage toutes ses affections. Eh ! qui les méritait mieux que cette Princesse qui réunissait aux traits de la beauté, aux charmes répandus sur sa personne, aux grâces qui accompagnaient toutes ses

---

(1) MM. Le Douleur, Gardes-du-Corps, Chevaliers de l'Ordre Royal et militaire de St.-Louis.

actions les qualités du cœur et les talens de l'esprit, digne fille du bon François I. et de la vertueuse et magnanime Marie-Thérèse ? Qui les méritait mieux que ses augustes frères, le Comte de Provence, aujourd'hui notre Roi, qui, dans l'âge des passions, montra les vertus du sage ; que le Comte d'Artois, aujourd'hui Monsieur, en qui brille l'esprit chevaleresque de nos anciens preux et toute l'amabilité Française ? Qui les méritait mieux qu'Elisabeth, dont le cœur paraissait être pétri de la main des Anges ? C'était surtout sur le Dauphin que se portaient tous ses soins ; comme il cultivait cette tendre plante ! comme il lui apprenait de bonne heure à fermer l'oreille à la voix de la flatterie, à réprimer l'orgueil du pouvoir, qu'élevé au-dessus des hommes, il était homme lui-même, et que le plus beau privilége de la grandeur Royale, c'était de faire des heureux. O pères qui m'écoutez, sont-ce là les leçons dont vous nourrissez le cœur de vos enfans, chacun selon votre état ? Louis, dans sa vie privée fût donc le modèle des époux, le modèle des pères, le modèle des frères, le plus honnête homme de son Royaume ; mais qualités qu'il fit éclater dans le Gouvernement de la grande famille, ce qui en fit le meilleur, et, quoiqu'on en dise, le plus grand des Rois, parce qu'encore une fois la grandeur Royale consiste moins dans l'art de gagner des victoires, que dans l'art de faire des heureux.

Vous louez sans doute en Louis tout ce que je viens d'exposer à votre admiration, mais remontez avec lui au principe. Il avait lu dans les écrits de son auguste père, le Dauphin, qu'une mort prématurée arracha au bonheur de la France, lys qui, dans tout son éclat, se détacha de sa tige, et que l'Europe pleura, il avait lu, dis-je, dans ses écrits *que tout vient de Dieu, et que tout doit retourner à Dieu.* Voilà la maxime qui dirigea toutes ses acti..., comme elle doit diriger toutes les nôtres ; autrement rien de bon ne peut sortir de nous. En effet, l'esprit religieux donne dans Dieu un Maître aux Rois qui n'en reconnaissent pas, leur fait entendre le cri du remords à côté de l'impunité, place la crainte à côté de la Toute-puissance, et leur rappèle qu'il est un Juge entre eux et le peuple. Les lois peuvent par fois enchaîner le peuple ; mais la Religion seule peut contenir les Rois dans leurs devoirs. Auguste Religion, Louis, capable de goûter la sublimité de vos dogmes, la pureté de votre morale, la sainteté de vos préceptes, assez grand pour s'humilier devant vos mystères, fût votre triomphe ! Jamais il ne se détourna de ses sentiers ; il sut allier la dignité de Roi avec la dignité de Chrétien : la langue de l'impie restait muette devant lui ; il avait en horreur, et tout honnête homme doit l'avoir, cette licence obscène qui brise l'enveloppe des passions, cette licence séditieuse qui favorise le penchant vers l'indépendance par rapport à toutes les convenances sociales ; cette licence raisonneuse qui n'est autre chose que le délire dans des têtes affligées de la folie philosophique, égaremens de l'esprit et du cœur dont il voyait la source dans l'impiété. Mais, ô bon Roi ! vous ne portiez votre affliction que sur votre peuple qui, en se corrompant, perdait le caractère national, la jouissance de la vertu, la jouissance des plaisirs purs où il prenait cette gaîté franche, ces grâces de l'esprit, cette vivacité de sent.ment qui le faisaient adorer chez tous les peuples, et vous ne voyiez pas que vous deviez être la victime de cette absence de tous principes moraux, sociaux et religieux ; et si je ne craignais d'attrister vos cendres, je dirais que vous n'ouvrites pas assez les yeux sur cette philosophie audacieuse qui creusait sourdement, que dis-je sourdement ? ouvertement un abîme sous votre Trône qui, sous peu, devait s'y engloutir, et avec lui l'Arche du Seigneur. Mais on lui cacha les ravages de l'impiété, même ses amis, ceux qui avaient le plus d'intérêt à les lui faire connaître, parce que leur sort était attaché au sien, aussi les entraîna-t-il dans sa chûte. D'ailleurs il ne pouvait se persuader que la perversité de l'esprit, que la méchanceté du cœur, que l'abus des talens pût aller jusqu'à vouloir anéantir une Religion descendue du Ciel, et même considérée politiquement, sans laquelle il n'y a plus de sanction pour les lois, de garantie pour la société, de base pour la morale, plus même d'affections sociales, sans laquelle tout est crime. O Roi religieux ! ce fut votre amour même pour la Religion qui vous trompa ; vous la croyiez si digne d'être aimée, que vous ne pensiez pas qu'il fût possible de ne pas l'aimer. De vrai, ne pas aimer la Religion de Jésus, c'est être un monstre dans l'ordre moral, comme l'enfant qui n'aime pas sa mère et qui déchire son sein, comme un sujet qui n'aime pas un bon Roi. Je sais qu'il est des esprits forts , à force d'être faibles , qui ont traité Louis de fanatique , parce qu'ils ne connaissaient pas , ou qu'ils feignaient de ne pas connaître la vraie valeur , l'ap—plication précise de ce mot odieux. Comme si on était fanatique pour connaître un Dieu , pour adorer un Dieu , pour rendre à ce Maître du tems et de l'éter-nité , à cet Arbitre Souverain de notre destinée un culte intérieur et extérieur , conséquence nécessaire d'une Religion qui porte tous les caractères de la Divinité à l'esprit de tout homme de bonne foi, et la preuve qu'en Louis la piété était une piété éclairée , solide et raisonnée , c'est qu'il admit , contre les lois , dans son Conseil , comme Ministre , un trop fameux protestant , dont les opérations commencèrent ses malheurs. Louis fanatique ! lui qui, lorsqu'il s'agit de porter un édit sur l'état civil de ses sujets de la secte Calviniste, dit aux opposans : *Ah ! ne persécutons point ; ce n'est pas ainsi qu'on éclaire les hommes ; em-pêchons qu'ils ne fassent le mal sans leur en faire.* Paroles de charité qui étaient déjà sorties de la bouche de son auguste Père. Il fit plus , il permit à cette secte d'élever un Temple dans une grande ville. Est-ce donc là la conduite d'un fanatique ? Il ne l'était pas plus que Saint-Louis et Louis XIV , qui , pleins de zèle pour la Religion et de respect pour la Chaire de Pierre, surent s'opposer avec vigueur aux prétentions de la Cour de Rome. Ah ! c'est bien nos Philosophes qui furent fanatiques , eux qui , par leurs maximes libertines et séditieuses , démoralisèrent le peuple , étouffèrent en lui tout sentiment religieux et social, le rendirent ennemi de l'ordre, et conduisirent sa main sacrilége sur le Trône et sur l'Autel qui entraînèrent dans leur chûte le bonheur public. Oui, sans être fanatique, Louis soutint avec gloire, avec dignité, avec édification les titres de Roi Très-Chrétien et de Fils aîné de l'Eglise : il savait que la majesté de la Religion ajoute à la majesté du Trône, et que régner par Dieu, c'était régner par la justice. O Français ! si vous eussiez été animés des mêmes sentimens que votre Roi, ce Roi, vous ne l'eussiez pas traîné, ou du moins vu traîner à l'échafaud ! O cruel souvenir, tu déchires mon cœur ! Mes yeux se remplissent de larmes ! Ma voix s'éteint ! .... O victime pure, innocente, sans tache ! ..... O mon Roi ! .... te voilà dans la salle du Prétoire ! bientôt sur le Calvaire ! ..... Laissons un instant se passer ce mouvement de la douleur........ O mon Dieu ! serais-je moins fort que le généreux Martyr dont j'ai à peindre les souffrances ! .... Louis dans la salle du Prétoire ! Louis sur le Calvaire ! ...... O mon divin Jesus, armez-moi de cette même force qui me soutient, chaque année, lors du récit de votre Passion ! J'ai à présenter un Roi, homme de douleur ; comment découvrir ses traits s'ils sont couverts de mes larmes ? .... Pardonnez, M. F., cet excès de sensibilité ; ce sentiment ne se maîtrise pas ; vous-mêmes, je vous vois déjà émus : le souvenir vous trouble ; que sera-ce donc du tableau ? Encore une fois, un instant de repos, et je continue.

SECONDE PARTIE.

Il est inutile, il serait fastidieux de vous rappeler tous les événemens qui précédèrent la chûte du Trône. Laissons ces détails à l'histoire qui, avec son burin, les transmettra à la postérité indignée. Puisse, pour l'honneur du nom Français, un crêpe éternel en empêcher la lecture ! ou plutôt qu'ils les lisent, nos enfans, pour apprendre jusqu'à quels excès de démence se porte un peuple quand il a foulé aux pieds les institutions les plus sages et les plus sacrées ; c'est un lion qui a brisé sa chaîne ; rien n'est à l'abri de sa férocité. Seulement, je vous prie de remarquer que la bonté et l'amour de Louis pour ses sujets devinrent les propres instrumens de son martyre. Oui, chaque trait de bonté et d'amour ne servit qu'à appésantir ses fers, fût autant de goûttes qui emplirent le calice d'amertume qui fit circuler la douleur dans toutes les facultés de son âme. Prouvons : Par économio, il supprima une partie de l'État militaire qui environnait sa personne sacrée ; il éloigna donc des moyens de défense en éloignant cette Noblesse guerrière qui jettait de l'éclat sur son Trône, et qui, brûlant de courage, en fût toujours le plus ferme appui : c'était bien avec raison qu'elle était appelée la Maison du Roi, puisqu'en elle le Roi trouvait un asile inexpugnable. Par esprit de justice, il convoqua les Etats Généraux, où commencèrent à s'allumer ce feu des factions qu'il ne voulut pas voir caché sous la cendre ;

au jeu de paume pas de doute qu'il y a conspiration contre son autorité Royale ; une armée de 3o,ouo hommes l'environne ; le brave maréchal de Broglie est à leur tête : un mot, et les factieux sont dissipés ; par humanité, Louis se refuse aux conseils de ses plus fidèles amis ; Clermont-Tonnerre lui annonce que le Duc de Brunswick , à la tête d'une armée, accourt à son secours ; que déjà il a passé les frontières. *Qu'il arrête sa marche*, lui dit-il ; *je préfère le salut de mon peuple au salut de ma propre personne ; Roi, j'ai des sujets ; Père, j'ai des enfans ; placé entre la justice et l'amour, c'est l'amour qui l'emporte ; je dois défendre ma couronne, mais nouveau Brutus, ce ne sera jamais en versant le sang de mes enfans ; si le sang doit couler, et je le vois, il coulera, que ce ne soit pas par une main étrangère quoiqu'amie ; mon bon peuple est égaré, il peut se souvenir que je suis son père, abjurer ses erreurs et mouiller mes genoux des larmes du repentir. Partez, cher Clermont ; remerciez le Duc, et lui annoncez mon refus, en lui disant que je suis Français* (1). O Clermont ! dans quel accablement vous jetta cette bonté que vous admiriez et que vous pleuriez tout à la fois ; vous, d'une Maison aussi vénérable par une antiquité de près de neuf siècles, qu'illustre par son attachement pour les Bourbons et ses hautes dignités dans l'Eglise et dans l'Etat. Toujours poli-

---

(1) On sent bien que cette réponse n'est pas rigoureusement textuelle, mais elle se lisait dans son cœur.

tique par sentiment, jugeant les hommes comme il se jugeait lui-même, aimant trop pour soupçonner la haine ; épurant, pour ainsi dire, les opinions à ses propres sentimens, sachant bien qu'il est des méchans, mais ne sachant pas à quel endroit de son cœur les méchans pourraient s'attacher, Louis laissa subsister l'Assemblée constituante, d'où sortaient des décrets attentatoires aux droits de la Couronne, à la constitution antique de l'Etat, qu'une longue suite de siècles avait pour ainsi dire naturalisée avec la nation, et sous laquelle la nation fut toujours heureuse ; mais cette nation était déjà ivre d'un fantôme de liberté, qui devint réellement liberté pour le crime. Louis, croyant calmer les esprits, sanctionna des décrets que son cœur réprouvait. A l'Assemblée Constituante, succéda l'Assemblée Législative, où les principes de la plus affreuse démagogie commencèrent à se développer ouvertement, à gagner toutes les classes de la société et à jetter Louis dans les fers. O mon Dieu ! vous approchiez de ses lèvres pures le calice que nos crimes avaient rempli, *attritus est propter scelera nostra :* innocent, vous le revêtîtes de nos iniquités, pour en faire une victime d'expiation, *posuit in eo Dominus iniquitates omnium nostrûm.* J'adore en silence les voies de votre justice, mais condamneriez-vous les larmes que je verse sur la victime ? La Convention s'ouvre. La Convention ! A ce nom impur vous frémissez ; peut-être m'accusez-vous d'en souiller ce lieu saint, d'en salir votre pensée. La Convention ! Là siégeaient des hommes dignes d'être les instrumens des fureurs des Phalaris , des Héliogabale, des Caligula, des Néron ; on eut dit d'un sénat d'esprits infernaux ; on n'y parlait pas, on y hurlait, on y vociférait ; le démon de la haine y soufflait les maximes les plus séditieuses, les plus virulentes ; on y proclama les droits de l'homme, mais droits que les sauvages les plus barbares n'eussent pas voulu reconnaître ; on y fabriquait des lois diamétralement opposées aux lois éternelles de la nature, aux douces lois de la civilisation : et pouvait-il sortir autre chose d'un ramas monstrueux d'hommes qui encensaient le crime à la place de la vertu, qui mettaient le néant à la place de la vie future, la matérialité de l'âme à la place de sa spiritualité, et qui traitaient de préjugé l'idée d'un Dieu, qu'un décret chassa de son Trône Éternel. Tels étaient les juges de Louis. O Agneau sans tache ! vous étiez sous le couteau qui devait vous immoler ; pouviez-vous échapper à leur haine, puisque vous étiez vertueux. Mais avant la consommation du sacrifice, il lui fallût avaler un calice inépuisable d'humiliations, éprouver les déchiremens de cœur les plus douloureux, accumuler en lui tous les maux que la nature est susceptible de souffrir. Lui, couvert de l'inviolabilité, armé du Sceptre et de la Main de Justice, le front ceint du Diadème, et lui, jugé par ce qu'il y a de plus scélérat parmi ses sujets ; lui, né au sein des grandeurs, assis sur le plus beau Trône de l'Univers, et lui, dans l'horreur d'une prison, et dont la douleur se multiplie par la société d'une épouse chérie, de deux enfans, objets de toute sa tendresse, et d'une

sœur bien-aimée, et voir ses fers s'appesantir sur eux !
ô nature ! jamais je n'eus cru que tu eus doué l'homme
d'assez de force pour ne pas succomber sous de telles
douleurs.

Souvent nous ne sommes frappés que des maux
du corps ; mais que sont-ils ces maux du corps,
fussent-ils les plus grands, en comparaison des maux
de l'âme que Louis éprouva dans sa prison ? Diffé-
rent en cela du criminel, le juste souffre bien plus
des maux de l'âme que des maux du corps. Mais déjà
il y avait été préparé par la coupe de la calomnie
répandue à longs flots sur sa conduite sans reproche,
et dont avec lui fut abreuvée son auguste Epouse,
cette fille des Césars, dont les grâces et la beauté,
l'esprit et l'amabilité faisaient les délices de la Cour,
l'ornement du Trône et la gloire de la France : il y
avait été préparé par cet infâme bonnet rouge, ral-
liement du crime, qu'il attacha sur son front le 20
Juin, jour où commença à couler, sous ses yeux, le
sang de ses plus fidèles sujets. O mon aimable Sauveur, comme à vous, ce fût pour lui une couronne
d'épines, qui outragea son honneur aussi cruellement
que la vôtre déchira votre tête adorable ! De ce moment commença son martyre.

Jusqu'alors Louis avait été peu connu, parce qu'il
était doué de vertus douces, pacifiques, silencieuses,
vertus seules capables de faire le bonheur d'un peuple. Il fallut, pour éveiller notre admiration, un de
ces spectacles où l'âme, aux prises avec le malheur,

déploie son courage et sa constance, montre tout ce
qu'elle a d'énergie, et fait voir qu'elle peut s'élever
par cela même qui doit l'abattre : oui, Louis me
paraît plus grand en luttant contre le malheur, en
émoussant ses traits acérés sur son âme forte, qu'il
ne m'eut paru grand en triomphant d'un ennemi à la
tête de ses armées. Triompher de soi-même, surtout
un Roi, c'est le plus haut degré de l'héroïsme. Il en
est peut-être bien peu dans cet auditoire qui, comme
Louis, eussent montré, au comble de l'infortune,
ce calme, cette résignation, cette grandeur d'âme,
cette paix de l'âme, cette impassibilité chrétienne qui
élèvent l'homme presqu'à la nature de l'Ange ; c'é-
tait l'image de Saint-Louis dans les fers de Saladin,
après la bataille de Massoure. Pour vous en convain-
cre, percez la profondeur de sa prison ; le verrez-
vous agité par le désespoir, mouiller ses chaînes de
larmes, maudire la dureté de son sort : oh non ! ce
n'est pas un criminel, c'est un juste qui trouve des
consolations ineffables dans la pureté de sa conscience ;
c'est un rocher immobile quoique frappé des flots
d'une mer en courroux, qu'il voit se briser et mourir
à ses pieds ; en un mot il est tranquille, parce qu'il
n'a pas de remords. Cet état de son âme eut suffi pour
sa justification ; mais le mechant ne voit qu'à travers
le crime ; comme cet animal de la fable, il tue tout
ce qu'il regarde, et ses regards se lancent de préfé-
rence sur le juste.

Cependant un profond scélérat perd à son aspect
sa férocité ; son cœur se brise ; peut-être eut-il tombé

à ses pieds, si la force du crime ne l'eut retenu, car il est un degré de perversité où le repentir est une honte. Manuel, ce forcené démagogue, vient, de la part de la Convention, lui annoncer l'abolition de la Royauté et l'établissement de la République : *Monsieur*, s'adressant à Louis..... Louis, à cette qualification, laisse échapper un rayon de sa grandeur, la majesté se répand sur toute sa personne, il semble se revêtir de toute la dignité de Roi, et jette sur Manuel un regard qui porte le trouble, la terreur dans son âme, *Dominus conversus respexit Petrum.* Déjà il est surpris d'un saisissement de respect et d'admiration ; déjà il sent l'aiguillon du remords ; il se méfie de sa sensibilité ; il sort en se combattant lui-même, et vaincu, il s'écrie : *On n'a jamais connu cet homme-là : verè hic homo erat justus.* O vertu ! voilà bien de tes miracles ! De ce moment, comme frappé d'un trait de lumière sorti de la personne de l'infortuné Monarque, Manuel sent tomber le bandeau démagogique ; un nouveau jour l'éclaire, ce jour de quinze siècles où tant de Rois firent le bonheur de la France ; tout à coup il s'opère en lui un changement de principes, et tout étonné, il se trouve royaliste : *percutientes pectora sua revertebantur.* Ainsi vit-on des bourreaux tomber aux pieds des martyrs, se convertir et hériter de leurs tourmens : ce qui arriva à Manuel ; sa conversion politique le conduisit à l'échafaud. Heureux si, mourant pour son Roi, la conversion religieuse eut changé son supplice en martyre ! Ah ! que de Saints par la révolution, s'il y eut eu autant

de morts chrétiennes que de morts politiques, ô Louis !
avec quel nombreux cortége tu fus entré dans le Ciel !
Sans doute il y en eut de ces morts précieuses, et
peut-être toutes. Comme ces fidèles sujets te bénissent
de leur avoir ouvert l'entrée du Royaume céleste par
leur attachement inébranlable à ta personne sacrée !
Voyons ce qui lui mérita ce bonheur.

Quel était le genre de vie de Louis dans les fers ? La
prière, des lectures pieuses, où il puisait cette force
qui nous étonne, des méditations au pied de la Croix,
cette Croix dont la vue adoucissait l'amertume du
calice : comme Socrate, tenant la coupe empoison-
née, il ne raisonnait pas, il ne cherchait pas à s'é-
tourdir sur les approches de la mort ; plus grand que
ce Philosophe, il était calme, tout en ayant le sentiment de la douleur, parce que le mystère de la
Croix, sans l'élever au-dessus des souffrances, lui en
découvrait les mérites. Par fois il allait chercher une
distraction à ses peines, dans la lecture des auteurs
profanes, car il n'était point insensible aux charmes
de la littérature. Outre ces moyens de consolation, il
en trouvait un puissant dans les épanchemens de l'a-
mitié, ce baume des malheureux, avec une épouse
qu'il adorait, avec une sœur qu'il chérissait ; dans ces
caresses dont il couvrait cet enfant qui, sous le nom
de Duchesse d'Angoulême, charme les cœurs, en
réunissant en elle toutes les vertus qui peuvent rendre
une femme aimable ; il allait même jusqu'à se mêler
aux jeux de ses deux enfans, les y provoquer, pour
éloigner d'eux, ou pour affaiblir l'image du malheur.

Mais c'était surtout le Dauphin qui fixait son attention ; il lui donnait des leçons de Religion , de morale , d'histoire, de géographie , car Louis avait des
connaissances fort étendues dans plus d'un genre de
littérature ; il voyait en lui l'héritier de son Trône,
il voulait l'en rendre digne , s'il a le malheur , disait-
il , d'être Roi. Le Ciel ménageait à sa douleur de
prévoir que ce faible rejetton des Lys devait sous peu
se flétrir, et mourir sous les mauvais traitemens.
Hélas ! le vrai genre de sa mort est peut-être encore
un problème. Mais ce qui jette le plus d'éclat sur le
caractère de Louis, c'est son Testament ; là son âme
est à nud. Comme ses sentimens religieux s'y déve-
loppent ! Comme la bonté de son cœur s'y peint !
Comme sa reconnaissance y est vive ! Qu'elle prouve
bien que les Rois savent aimer ! Comme son pardon
des ennemis y paraît sincère ! Comme en présence de
son Dieu , à la vue de la mort , il y proteste de son
innocence ! Comme il y compte encore sur la généro-
sité de ses bourreaux , tant il était bon lui-même !
Comme ses affections d'époux , de père , de frère s'y
épanchent ! Quelle assurance d'esprit, quelle fran-
chise , quelle simplicité, quelle douceur d'expression !
ô vérité, c'est bien là ton cachet ! ô charité Chrétienne,
toi seule pût le dicter ! Avez-vous pu le lire sans verser des larmes d'attendrissement , d'amour pour ce
Prince. Si jamais on fait son apothéose, ce Testament
seul suffirait pour la justifier. O malheureuse révolution, que de victimes tu as fait entrer dans le Ciel !
et à leur tête Louis XVI , Louis Dauphin, Antoinette,

Elisabeth, Pie VI ! O fournaise ardente, combien as-tu dû nous épurer ? Sous ces rapports, peut-être, serait-il permis de te bénir dans la colère d'un Dieu qui sauve par sa colère.

, Quelle frayeur me saisit ? Quel bruit sourd entends-je ? Quel est ce mouvement ? Pourquoi ces allarmes, ces cris, ces pleurs ? Que peut craindre l'innocence? Tout de la part des méchans, pour lesquels le crime est un besoin. O mon Dieu ! les portes de la prison gémissent lentement sur leurs énormes gonds ; elles s'ouvrent ; Louis sort. ... O mon Roi ! où vous conduisent ces hideux satellites ? on dirait de messagers de la mort. Arrêtez : vous entrez dans un antro infernal. O Prince innocent ! ô bon Roi ! ô Monarque en qui la puissance est inhérente, en qui la Majesté brille encore à travers les traits du malheur, vous paraissez à la barre, barre trempée au feu de l'enfer ! De quoi êtes-vous coupable? Serait-ce d'avoir trop aimé votre peuple ? De quoi vous accuse-t-on ? Serait-ce d'avoir répandu trop de bienfaits ? Oui, trop : ce trop vous conduit ici. En vain, pour vous défendre, allez-vous employer l'éloquence brûlante de Desèze, la dialectique pressante de Tronchet, les accens de l'amitié de Malesherbes : ô bon Prince ! vous ne connaissez donc pas le cœur du méchant ; il s'irrite même à la lumière, comme cet animal impur qui lance son venin contre le soleil. Voyez les regards sombres de cette assemblée de régicides, leurs traits durs et haves, jusqu'à leur costume bizarre, sale et négligé, tout peint en eux une âme où n'entra jamais le doux sentiment de l'humanité ; pas même le sentiment de compassion que l'on accorde aux criminels. Les barbares ! Ils veulent remplir les formes légales ! Eh ! qu'était-il besoin de formes ? L'Arrêt de mort était déja proclamé dans les clubs affiliés à la Convention. O profonde hypocrisie ! C'était pour masquer l'iniquité atroce du jugement. Qu'espérez-vous généreux orateurs ? Le couteau est levé sur la tête de la victime : la foudre du Ciel ne la ferait pas tomber de la main des bourreaux. Louis quitte l'antre des brigands, qui font de ses moyens victorieux de défense un aliment à leur fureur, comme ces animaux qui se battaient les flancs de rage, à la vue des victimes innocentes exposées dans l'arène. La majesté de son front, la douceur de son regard, le calme de la résignation, le souvenir de sa haute dignité, ses vertus qui lui servaient de cortége, rien ne put toucher ces cœurs de bronze. Il reprend ses fers, et attend avec la conscience du juste son jugement. Son jugement ! Lui qui aurait pu d'un mot pulvériser ces infâmes séditieux, cette lie du peuple. Hélas ! voilà comme une bonté à contre-tems devient une source de malheurs incalculables dans leurs excès. Son jugement ! Eux déjà jugés dans le Ciel, sur la terre, dans l'enfer même, et par leur propre conscience, s'ils en avaient eu une. Les assassins votent : et quels votes, grand Dieu ! les considérans de chaque vote partent d'une âme rongée de la haine la plus corrosive : 319 votent pour la détention jusqu'à la fin de la guerre, et pour le bannissement aussitôt la conclusion de la paix (1). La détention à un Roi , libre de droit divin ! Le bannissement à un Roi , assis par droit d'héritage , sur un Trône de neuf siècles ! Que la barbarie ne se borna-t-elle là. Mais il faut du sang au tigre. 366 votent..... Mon sang se glace......, ma langue s'arrête...., l'horreur trouble ma pensée.... Vous-mêmes , qui m'écoutez , pourrez-vous l'entendre..... Ah ! retenez vos larmes , vos gémissemens ,

---

(1) J'ai lu avec attention les considérans de ces votes , et j'ai cru remarquer dans beaucoup une exaltation affectée dans les mots , un entortillage dans les idées qui semblaient annoncer des hommes qui , sous le prétexte d'une peine infamante , cachaient autant la volonté de sauver le Roi , que le remords d'avoir levé la hache sur sa tête par leurs principes républicains ; il en est qui ont avoué être sortis de cette infernale séance , la rage dans le cœur. Combien il m'est doux pour l'honneur du nom Français , de pouvoir diminuer le nombre des régicides ! Et voilà comme en politique , ainsi qu'en matière de religion , une première erreur , soutenue avec opiniâtreté , entraîne à sa suite des maux incalculables. Tel un voyageur qui , dans une vaste forêt prend un faux sentier , complique et brouille sa marche , au risque de ne plus pouvoir trouver le vrai sentier. Fermer le livre de l'expérience que nos pères avaient le bon sens de consulter , c'est ouvrir *le puits de l'abîme*. On veut du nouveau : d'accord pour les sciences exactes , pour les arts mécaniques ; mais hors de là , les nouveautés ne sont que trop souvent des erreurs ; et quelles erreurs pour un siècle décoré du beau nom de siècle de lumières ! N'est-ce pas un flambeau qui , porté par des aveugles ou des imprudens , brûle bien plus qu'il n'éclaire. Le nouvel ordre , ou plutôt l'ancien ordre de choses revenu , plus de craintes. Le vrai pilote a repris le gouvernail ; il a acquis ses connaissances au sein même de la tempête ; il connaît les écueils , il saura nous en garantir , et nous faire jetter l'ancre au port du bonheur.

vos cris ; ne nous troublons point : comme notre Héros, au plus haut degré de malheur, ayons une fermeté chrétienne : écoutez dans le silence de la douleur : 366 votent. . . . . pour la mort. Pour la mort ! Lui qui en vertu de son sceptre que Dieu seul pouvait lui ôter, avait droit de vie et de mort sur ses sujets qui s'écartaient des voies de la justice. En vain Tronchet observe que la loi exige les deux tiers des voix pour que l'accusé soit condamné. Qu'il soit crucifié, s'écrient ces régicides, *crucifigatur*. Desèze demande, supplie, conjure, en termes les plus touchans, que le jugement soit ratifié par le peuple. Sa demande est rejettée, *crucifigatur*, qu'il soit crucifié. Malesherbes offre des observations sur la manière avec laquelle les voix auraient dû être comptées : on refuse de l'écouter, *crucifigatur*, qu'il soit crucifié. Enfin le sursis est imploré : non, crient ces furieux altérés de sang, le jour même *crucifigatur*, qu'il soit crucifié. Il n'y a donc plus d'espérance. Louis demande au moins qu'il lui soit accordé trois jours pour se préparer à paraître devant son Dieu. O Prince religieux ! comment vous l'accorderaient-ils ? ils le haïssent autant que vous l'aimez, ou plutôt ils ne le connaissent pas ce Dieu, eux qui, dans leur délire impie, lui avaient substitué la déesse de la raison, transformée en folie ; disons plus, en impureté, faisant monter sur les Autels du trois fois Saint, d'infâmes prostituées. Hélas ! faut-il que les pages de notre histoire se trouvent souillées de pareils faits ?

Nous voilà donc au dénouement terrible de la

scène la plus tragique, et remarquons que de tous les peuples, le Français était le seul qui n'eut pas attenté juridiquement à la vie de ses Rois ; ses mains étaient pures ; le sang de Louis va leur imprimer une tache éternelle. Mais avant que de considérer le bûcher, jettons encore quelques regards sur l'auguste victime. Transportez-vous avec moi dans la prison du Temple ; soyez témoin de l'état de l'âme de Louis. La hache est sur sa tête : encore quelques heures, et elle tombe. Hé bien ! vous ne le verrez pas abattu par la douleur, parce que la vivacité de sa foi le soutient, et que la vue de Jesus crucifié lui présente un modèle qu'il cherche à imiter ; il veut sanctifier sa mort par la mort de l'Homme-Dieu. Il perd une couronne périssable, mais il voit une couronne d'épines qui va lui mériter une couronne immortelle ; le sceptre tombe de ses mains, mais il voit un roseau qui va lui mériter la palme du martyre ; il voit les grandeurs humaines s'éclipser pour toujours, mais il voit les humiliations du Sauveur qui vont lui mériter les grandeurs de la sainteté prêtes à l'environner ; il voit l'échafaud, mais loin d'en détourner ses regards, il le fixe avec intrépidité ; il calcule de sang-froid le tems qui lui reste pour y monter, parce qu'il voit que les mérites de la Croix le change en un point d'appui d'où il va s'élancer vers le Ciel. Saint-Louis se présente à son imagination, et il brûle du désir de partager sa gloire ; mais pour se rendre encore plus digne de ce bonheur ineffable, il demande avec ardeur de se purifier dans le sang sacramentel de l'Agneau sans tache , de mêler son sang avec le sang de cet Agneau), qui adoucit le passage terrible de ce monde en l'autre. Muni , fortifié des derniers secours de la Religion , l'âme riche de bonnes œuvres, plein de confiance en son Dieu , qui n'entrera en jugement avec lui que pour récompenser avec éclat ses vertus , Louis attend avec tranquillité l'heure du départ. O triomphe de la Religion sur le Chrétien , entre le dernier pas de la vie et le premier pas de l'éternité ! C'était donc pour vous seul le bonheur, ô saint Roi ! quand le petit nombre de vos fidèles sujets s'épuisaient secrètement en larmes , étaient abîmés dans la douleur. Louis s'entoure de sa famille : encore fallut-il un décret pour cette entrevue. Les barbares ! ils n'étaient donc ni pères, ni époux, ils en avaient éteints les sentimens , douce jouissance dont Dieu les priva pour commencer leur châtiment. Mais il fallait qu'il ne manquât rien au martyre de Louis, qu'il but goutte à goutte jusqu'à la dernière goutte le calice d'amertume. Il la voit sa famille : ô scène de pleurs et d'amour ! ô spectacle de la nature dans les convulsions de la douleur ! Antoinette, dans le désordre du désespoir, se précipite dans ses bras ; Elisabeth , inondée de larmes , tombe à ses genoux ; le Dauphin et sa sœur pressent leurs lèvres sur sa main tremblante, cette main qui ne signa jamais que des actes de bienfaisance. O grouppe de douleur ! Louis les serre tous sur son cœur. La Reine seule et Elisabeth étaient dans le secret de sa mort. La dernière heure sonne ; il se lève..... O mon père ! où allez-vous ? s'écrient ses enfans : Au

Ciel, leur répond-il ; et pour marche-pied...... Les sanglots étouffent sa voix ; il bénit sa famille, et s'arrache des bras de l'amour, accompagné d'un ange consolateur, du vénérable Edgeworth, son confesseur. Un silence terrible règne sur son passage ; tous les cœurs se brisent et s'ouvrent à la compassion. Quoi ! pas un bras ne se lèvera ? Non, le Ciel a marqué la victime ; il faut que le sacrifice soit consommé ; s'il sauva Isaac, le Fils de Dieu fut immolé. Louis, pendant la marche, récite les prières des agonisans ; quelques larmes tombent de ses yeux, car il était homme, et il fallait, comme Chrétien, qu'il sentît toute l'amertume du calice. O mon aimable Sauveur ! ne la sentîtes-vous pas aussi au jardin des Olives ; et, comme vous, Louis se résigna à la volonté de votre Père. D'un pas assuré, il monte sur l'échafaud, qui se change pour lui en un trône de gloire ; de ses propres mains il fait tomber ses vêtemens ; il s'avance vers l'extrémité gauche, et d'une voix ferme il dit : *Français, je meurs innocent ; je pardonne à tous mes ennemis, et je souhaite que ma mort soit utile à mon peuple......* Une voix infernale l'interrompt, et crie au bourreau de faire son devoir. Le dernier soupir de Louis fut donc un soupir d'amour pour ses assassins ! dernier trait de ressemblance qu'il eut avec vous, ô Divin Jésus ! qui, sur la Croix, criâtes : Mon Père, pardonnez-leur, *Pater, dimitte illis.......* La hache tombe.....Louis n'est plus. Bientôt son auguste Epouse, le Dauphin, Elisabeth, du même point d'appui, s'élancèrent dans le sein de Dieu. Et toi, ô Clotilde, qui , sur le Trône de Sardaigne , fis briller les plus touchantes et les plus sublimes vertus, toi qui changeas ta couronne Royale en une couronne d'épines ; toi , martyre de la pénitence, qui fis revivre à la Cour les austérités du désert, qui ne bus jamais d'autre calice que celui de l'agonie du Sauveur , enveloppée dans les malheurs de ton infortunée famille , dégagée des chaines de l'exil, tu ne tardas pas à te réunir à ton illustre frère, sanctifiée dans les larmes, comme il le fut dans son sang. Pourquoi donc me demandez-vous le sacrifice d'expiation qui va s'offrir pour leurs âmes? C'est que tant que l'Eglise n'a pas prononcé, il n'est dû aux morts que des honneurs funèbres (1).

Pour nous, profitons des malheurs qui ont enveloppé cette famille Royale, que neuf siècles avaient su

---

(1) Il est à remarquer , et l'histoire d'autres peuples n'en offre pas d'exemple, que d'une seule tige, Henri IV, il sortit tant de Princes et Princesses doués des plus éminentes vertus religieuses, parmi lesquels se distinguent particulièrement Louis XIII ; le duc de Bourgogne , père de Louis XV ; le Dauphin, d'où sort la famille régnante, Mesdames Adélaïde, Victoire et la vénérable Louise , ses sœurs ; Mesdames Clotildes et Elisabeth, ses fillles ; Louis I , Duc d'Orléans; Armand , Prince de Conti ; Louis, Duc de Penthièvre ; ce que nous voyons n'a pas besoin d'être cité. Qui ne remarque dans cette piété héréditaire un caractère de famille qui ne peut être qu'une faveur spéciale de Dieu , portée à son comble dans le rétablissement des Bourbons sur le Trône. Oui, depuis Hugues Capet, pas un de nos Rois qui ne se soient montrés dignes des qualités de Très-Chrétien, de Fils aîné de l'Eglise. Le premier Concile d'Orléans donna à Clovis cette dernière qualification ; et le Concile de Savonnières honora Charles-le-Chauve du titre de Roi Très-Chrétien , qui ne devint proprement distinctif, que dans la personne de Louis XI.

respecter , pour fermer notre cœur au poison de l'im·
piété qui les a amenés , et qui se sont étendus jusqu'à
nous. La leçou a été terrible, elle n'en doit être que
plus instructive. Imitons son courage, sa constance ,
sa résignation dans ce que l'infortune peut offrir de
plus affreux, la mort violente et l'exil perpétuel.
L'exil est rompu , n'en doutons point ; c'est à l'intercession des quatre illustres victimes, jointes à celles
de tant de Saints Français , que nous devons un retour
qui sauve la France qui va reprendre son ancienne
splendeur. Les Bourbons sont rendus à nos vœux ,
puisse la blancheur éclatante du Lys devenir le sym-
boledela pureté de nos mœurs? Puissent les sentimens
religieux de notre auguste Monarque , ranimer parmi
nous la foi, dont la lumière presqu'éteinte n'éclairait
plus que des crimes. Consolons, réjouissons les mânes
de Louis XVI, en jurant à Louis XVIII fidélité à sa
puissance, amour à son cœur , imitation à ses vertus.
En un mot, levenons Chrétiens, c'est le moyen d'être
de bons et vrais Français, et de nous réunir un jour
à la multitude immense de nos compatriotes qui , en
la société de nos Rois, vivent sous le règne éternel du
Roi des Rois.